BEI GRIN MACHT SICH IHR WISSEN BEZAHLT

- Wir veröffentlichen Ihre Hausarbeit,
  Bachelor- und Masterarbeit

- Ihr eigenes eBook und Buch -
  weltweit in allen wichtigen Shops

- Verdienen Sie an jedem Verkauf

Jetzt bei www.GRIN.com hochladen
und kostenlos publizieren

GRIN

Bibliografische Information der Deutschen Nationalbibliothek:

Die Deutsche Bibliothek verzeichnet diese Publikation in der Deutschen National-bibliografie; detaillierte bibliografische Daten sind im Internet über http://dnb.d-nb.de/ abrufbar.

Impressum:

Copyright © 2014 GRIN Verlag
Druck und Bindung: Books on Demand GmbH, Norderstedt Germany
ISBN: 9783668724037

Dieses Buch bei GRIN:

https://www.grin.com/document/428353

Na Chen

Kontrastive Analyse der suprasegmentalen Ausspracheabweichungen von chinesischen Deutschlernenden

GRIN Verlag

Universität Leipzig

Hausarbeit

Kontrastive Analyse der suprasegmentalen Ausspracheabweichungen von chinesischen Deutschlernenden

vorgelegt von: Na Chen

Inhaltsverzeichnis

1. Einleitung

Die deutsche Sprache gewinnt im Zuge der Globalisierung im chinesischen Kontext immer mehr an Bedeutung. Chinesen lernen vermehrt, aus ganz unterschiedlichen Gründen (Arbeit, Studium oder Emigration nach Deutschland) Deutsch. Da deutsch und chinesisch zwei völlig unterschiedliche Sprachen sind, weisen viele chinesische Lernende, besonders bei der Aussprache, Lernschwierigkeiten auf. Der „fremde Akzent" bleibt ein scheinbar nicht zu überwindbares Hindernis und verursacht viele Missverständnisse bei der interkulturellen Kommunikation. Seit Jahren haben viele Sprachwissenschaftler und Linguisten, darunter Fluck (1984), Wang, Min (1993) und Hunold (2002) versucht, Gründe dafür zu finden, um chinesischen Deutschlernenden beim Lernen zu helfen. Neben den immer wieder beschriebenen artikulatorischen Ausspracheabweichungen (Probleme mit Vokalquantitäten oder Konsonantenhäufungen im Deutschen) werden häufig suprasegmentale Ausspracheabweichungen unterschätzt, die allerdings bei der mündlichen Kommunikation von großer Bedeutung sind. Falscher Wort- und Satzakzent, falsche Melodieführung im Satz und fehlerhafte Pausensetzung von chinesischen Deutschlernenden, führen nicht nur zum Verlust der Verständlichkeit, sondern können auch zu sozialen Akzeptanzproblemen führen (vgl. Hunold 2009: 7). In der vorliegenden Arbeit möchte die Verfasserin durch die kontrastive Analyse der suprasegmentalen Merkmale des Deutschen und des Chinesischen die Unterschiede der zwei Sprachen feststellen und chinesischen Lernenden bei der Aussprache helfen.

Zu Beginn der vorliegenden Arbeit werden sowohl die chinesische als auch die deutsche Sprache im chinesischen Kontext vorgestellt. Danach werden die suprasegmentalen Merkmale des Deutschen und des Chinesischen kontrastiert und die Fehlerprognose, die von chinesischen Lernenden betroffen sein können, gezeigt. Besondere Aufmerksamkeit widme ich in diesem Punkt der Akzentuierung, Melodisierung, Rhythmisierung und Koartikulation. Anschließend wird eine Fehler-Analyse anhand einer Aufnahme durchgeführt und Besonderheiten der Ausspracheabweichungen von chinesischen Lernenden daraus abgeleitet. Im Anschluss daran wird die Verfasserin einige Hinweise zum deutschen Phonetikunterricht geben. Abschließend folgt das Fazit und der Ausblick der vorliegenden Arbeit.

2. Überblick über die chinesische Sprache und die deutsche Sprache im chinesischen Kontext

2.1. Überblick über die chinesische Sprache

Das Chinesisch gehört zur sino-tibetischen Sprachfamilie und zu den ältesten Sprachen auf der Welt überhaupt. Wissenschaftler sind der Ansicht, dass die Ursprünge der chinesischen Schrift fast 4000 Jahre zurückreichen und die gesprochene Sprache bis in das ferne Altertum zurückgeht. Chinesisch wird in verschiedenen Dialekten in China, aber auch in Südostasien, Europa und auf dem amerikanischen Kontinent gesprochen (vgl. Hunold 2002: 2; Liu, Xiu/ Buchta 2009: S. 23). Weltweit gibt es mehr als eine Milliarde Menschen, deren Muttersprache chinesisch ist. Es ist ebenfalls eine der offiziellen Amtsprachen der Vereinten Nationen (vgl. Liu, Xun/ Buchta 2009: S. 12).

Was ist aber das Chinesisch? Dazu möchte ich auf die Präzisierung von Liu Xun/ Buchta (2009: S. 13) eingehen. Das, als offiziell bezeichnete Standardchinesisch, *Putonghua (normale Sprache, Dialekt)* basiert auf dem nördlichen Dialekt der Pekinger Aussprache. Die neuen vereinfachten grammatikalischen Strukturen sind dazu aus der Umgangssprache der modernen Literatur abgeleitet.

Chinesisch ist eine Tonsprache, in der die Töne eine bedeutungsunterscheidende Funktion haben. Sie besteht aus bis zu vier zusammengesetzten Silben, die wiederum aus bis zu fünf zusammengesetzten Vokalen und Konsonanten gebildet werden. Zur Unterscheidung der Wörter gibt es vier verschiedene Toneme, nämlich erster (hoher), zweiter (aufsteigender), dritter (niedrig-fallend-steigender) und vierter (kurz fallender) Ton (vgl. Liu, Xun/ Buchta 2009: S. 9). Anders als die meisten Sprachen, die alphabetische Systeme benutzen, verwendet das chinesische Schriftzeichen, wovon es circa 50.000 gibt. Unterscheiden muss man das kurze (verkürzte Grapheme) und das lange (Formen werden beibehalten) Schriftzeichen (vgl. Liu Xun/ Buchta 2009 : S. 23). Die Schriftzeichen geben keinen Aufschluss über die Laut-Buchstaben-Beziehung. Die Aussprache und ihr Ton am Schriftzeichen sind nicht oder nur sehr schwer erkennbar (Hunold 2002: 14). Um chinesische Schriftzeichen transkribieren zu können, wurde die sogenannte *„Pinyin-Transkription"* (zusammengesetzte Töne) eingeführt. Dieses Transkriptionssystem regelt die Aussprache des Schriftzeichens basierend auf lateinischen Buchstaben. Schriftzeichen werden durch Silben des Pinyin-System wiedergegeben (vgl. Hunold 2002: S. 2). Pinyin wird heute zum Erlernen der Chinesischen Sprache benutzt und hat zur Verbreitung des Hochchinesischen beigetragen (vgl. Liu Xun/ Buchta 2009: S. 35).

2.2. Die deutsche Sprache im chinesischen Kontext

Die deutsche Sprache ist mit der Zeit in China immer beliebter geworden. 1861 richtete die Qing-Regierung in Peking die Tong Wen Anstalt ein. Sie war die erste Einrichtung in China, in der die deutsche Sprache unterrichtet wurde. Seitdem bieten immer mehr Hochschulen, Universitäten oder Institute das Fach „Deutsch" an. Eine lockere Auslandsstudiumpolitik, verbesserte Arbeitsbedingungen und nicht zuletzt die Globalisierung ermuntern immer mehr Chinesen deutsch zu lernen. (vgl. Fluck/ Saarbeck/ Zhu Jiahua/ Zimmer 1996: S. 61). Während zur Jahrtausendwende beispielsweise noch 2640 Studenten das Studium „Deutsch" an der Tongji Universität absolvierten waren es 2002 schon 4975 (Jin Qiaoying 2003: 3). Die mit der Zeit steigende Popularität der deutschen Sprache in China fördert einerseits die Kommunikation zwischen beiden Ländern, bereitet aber andererseits für immer mehr Chinesische Deutschlernende Lernschwierigkeiten. Chinesische Deutschlernende achten besonders auf segmentale Aussprachabweichungen, wie etwa den konsonantischen R-Laut oder die für das Deutsche typischen Konsonantenhäufungen. Ihrer suprasegmentalen Abweichungen, sind sie sich, selbst wenn solche gehäuft auftreten, zumeist hingegen nicht bewusst (vgl. Richter 2011: S. 2).

3. Kontrastive Analyse der suprasegmentalen Merkmale zwischen dem Deutschen und dem Chinesischen

Unter suprasegmentalen Merkmalen versteht man die Erscheinungen, die über den einzelnen Segmenten liegen, wie z.B. die Hervorhebung durch Akzentuierung, die intonatorische Gestaltung auf sachlich-neutraler Ebene, sowie die davon abweichende emotionale Gestaltung des Satzes (Rausch 2000: S.145). Zu den wichtigsten suprasegmentalen Phänomenen gehören die Akzentuierung (Veränderung der Lautstärke), die Melodisierung (Tonhöhenänderung), die Phrasierung (Pausen) und die Rythmisierung (zeitliche Anordnung des Sprechkontinuums) (vgl. Helbig/ Götze/ Henrici/ Krum 2001: S. 157). Diese werden nun in den folgenden Kapiteln einzeln diskutiert werden.

3.1. Akzentuierung

Akzente werden aus einer Mischung aus Anstieg der Lautstärke, Erhöhung der Tonhöhe und Dehnung der Silbe realisiert (Svobodová 2009: S. 28). Tonhöhenbewegungen dienen im Chinesischen unter anderem auch der Akzentuierung (Honold 2009: S. 42). Im Chinesischen unterscheidet man, ähnlich wie im Deutschen, zwischen Wortakzent und Satzakzent (Helbig/ Götze/ Henrici/ Krum 2001: S. 157; Hirschfeld/ Kelz/ Müller: S. 5-7; Hunold 2004: S. 2). Der Wortakzent ist die Hervorhebung von bestimmten Silben im Wort (Svobodová 2009: S. 28). Im Chinesischen ist er nur sehr schwer erkennbar und zusätzlich durch verschiedene Toneme gekennzeichnet. Zahlreiche Regeln bestimmen in beiden Sprachen, wann ein Akzent vorzuliegen hat bzw. vorliegen kann. Im Deutschen ist die Akzentsilbe meistens bereits vorgegeben und ergibt sich aus der „Stammbetonung". z.B. schreiben - Schreibtisch - verschreiben (Helbig/ Götze/ Henrici/ Krum 2001: S. 157; Hirschfeld/ Kelz/ Müller: S. 157). Im Chinesischen hingegen liegt er meistens auf der letzten Silbe, wobei es prinzipiell auf jeder tontragenden Silbe vorkommen kann. Betonte Silben werden durch Länge, Lautstärke oder Pausen hervorgehoben. Henne (1977: S. 37) nennt folgende Beispiele für den Wortakzent:

Wortakzent auf der 1. Silbe: *shítou* (Stein)

Wortakzent auf der 2. Silbe: *huǒchē* Zug ,

Wortakzent auf der 3. Silbe: *huǒchēzhàn* (Bahnhof)

Wortakzent auf der 4. Silbe: *gāngānjìngjìng* sauber

Neben ein paar spezifischer Regeln gilt im Chinesischen laut Henne (1977: S. 37), wenn die Akzentsilbe bekannt ist, sind alle anderen (Neben-) Akzente erschließbar. Es besteht allerdings kein Zusammenhang zwischen Akzentstruktur und grammatischer Struktur (Hunold 2004: S. 2).

Sowohl im Deutschen als auch im Chinesischen existieren distinktive also bedeutungsunterscheidende Kontraste, z.B. August - August, durchbrechen - durchbrechen, Blindekuh - blinde Kuh, jìnlai (*hereinkommen*) – jìnlái (*kürzlich*) (Hunold 2004, S.2; Helbig/ Götze/ Henrici/ Krum 2001: S. 158).

Den Satzakzent kann man als stärkste Hervorhebung eines Wortes oder einer Konstituente innerhalb einer Äußerung definieren. Er dient dazu, dass die Aufmerksamkeit des Hörers auf die wichtigste Information im Satz gelenkt wird (Svobodová 2009: S. 28). Sowhl im Chinesischen als auch im Deutschen liegt der Satzakzent meistens auf Inhaltswörtern. Die Akzenttragenden Silben sind im Deutschen potenzielle Träger des Satzakzents. Allerdings kann mit der Wahl der akzentuierten Silbe auch ein bestimmtes Implikat verbunden sein (Helbig/ Götze/ Henrici/ Krum 2001: S. 158). So z.B. in dem folgenden Beispiel: <u>Ich</u> mag dich. Ich <u>mag</u> dich. Ich mag <u>dich</u>.

Die Regeln des Wortakzents gelten im Chinesischen im Wesentlichen auch analog für eine kurze Aussage bestehend aus nur einer Akzentgruppe. z.B. *wǒ zài láibix<u>ī</u> shàng<u>xué</u>.*
(Ich studiere in Leipzig). Ähnlich wie im Deutschen werden längere Sätze im Chinesischen, die aus aus mehreren Akzentgruppen bestehen, durch die Wahl der Akzentgruppen die entsprechenden Information betont.

z.B. *Qǐng ni <u>zài</u> shuō yibian.*   ⎯   (Sagen Sie das bitte <u>noch einmal</u>!)

Zài <u>zhōngguo</u> lüxíngzhīpiào kéyibukéyi <u>yòng</u>?   ⎯⎯⎯   ⎯⎯⎯⎯⎯

(Kann man in China mit Travellerschecks bezahlen?)   (Hunold 2004: S. 3)

3.2. Melodisierung

Die Distribution des Wortakzents bildet die Grundlage für die Satzmelodie (Altmann/ Ziegenhain 2010: S. 51). Die Melodieführung eines Satz kann folgende Funktionen haben: Gliederungsfunktion (Strukturierung der lautsprachlichen Äußerung in zusammengehörige Sinneinheiten) oder distinktive Funktion (Aussagesatz, Fragesatz, Befehlsatz usw. (Svobodová 2009: S. 29). Im Deutschen lassen sich drei Melodiegrundtypen unterscheiden: der steigende (z. B. Aufforderungen), fallende (Aussagesätze) und ebene (Aufzählung) Typ (Helbig/ Götze/ Henrici/ Krum 2001: S. 158-159; Hirschfeld/ Kelz/ Müller: S. 13) . Ähnlich wie im Deutschen, ist die Satzmelodie einer Aussage im Chinesischen im allgemeinen eben und gegen Ende schwach abfallend, z.B. *Wǒ ài běijīng.*   (Ich mag Peking). Steigende Satzmelodien gibt es in Fragesätzen und Teilsätzen, die nicht am Ende einer Aussage stehen. z.B. *Ní hǎo ma?* (Wie geht's dir?). Im Deutschen steigt diese in allgemeinen Fragesätzen auch an, wobei diese Aussage umstritten ist. Nach Helbig/ Götze/ Henrici/ Krum (2001: S. 159) gibt es keine Fragesatzmelodie. Vielmehr ist zwischen verschiedenen Arten von Fragesätzen zu unterscheiden.

3.3. Rythmisierung

Jede Sprache organisiert die zeitliche Anordnung der Elemente des Sprechkontinuums in ihrer eigenen Weise. Als eine akzentuierende Sprache, ist die rhythmische Gliederung des Deutschen durch seine Akzentierung gekennzeichnet. Anders als Chinesisch, das zu den Silbenzählenden Sprachen gehört, ist im Deutschen die Verteilung der Silben auf der zeitlichen Achse recht ungleich (Helbig/ Götze/ Henrici/ Krum 2001: S. 159). Nur die Zeitabstände zwischen den betonten Silben sind in etwa gleich (Svobodová 2009: S. 30). Bei entsprechend großer Silbenzahl führt dies im Deutsch zur quantitativen und qualitativen Reduktion, zur regressiven und progressiven Assimilation, zur Tilgung von Lauten und zu verschiedenen Formen von Verschleifungen (Helbig/ Götze/ Henrici/ Krum 2001: S. 159). Das Chinesisch hingegen hat keine Tendenz zur Reduktion und es erfolgt eine gleichmäßige Verteilung der Silben auf der zeitlichen Achse des Sprechkontinuums. Die Zeitabstände sind zwischen einzelnen Silben ungefähr gleich (vgl. Hunold 2004: S. 3; Helbig/ Götze/ Henrici/ Krum 2001: S. 159), z.B. *wèi lán de tiān kōng* (blaues Himmel), wobei jede Silbe deutlich und fast gleichlang ausgesprochen werden. Die chinesische Aussprache wirkt daher fließend und singend.

3.4. Geliederung und Pausen

Phonetisch äußert sich die Phrasierung im Deutschen durch Grenztöne, Dehnungen und Pausen. Ein Hauptmerkmal der Phrasierung liegt in der Einfügung kurzer Pausen in den Sprechstrom an externen offenen Junkturen. Neben der Pause ist die Dehnung das zweite hauptsächliche Merkmal der Phrasierung. Dehnungen vor Phrasengrenzen zeigen sich vor allem zum Ende des letzten Wortes vor der Phrasengrenze. Der Tonhöhenverlauf im Bereich von Phrasierungen wird phonologisch durch Grenztöne bestimmt. Nach einer Phrasengrenze setzt die Stimme neu ein (Baumann 2007: S. 40).

Im Chinesischen hat die Pause bedeutungsunterscheidende Funktion (Honold 2009: S.

85). Ein typisches Beispiel wie folgende:

Wǒ ài tā, jiějiē.   (Ich liebe ihn, ältere Schwester.)

Wǒ ài tā, jiějiē.   (Ich liebe seine ältere Schwester).

Phrasengrenzen sind im Chinesischen nicht eindeutig auszumachen. Meistens werden nach langen Subjekten oder vor langen Objekten eine Pause eingesetzt, z.B. Zhōnghuá rénmin gònghéguō/ shì yīgè méilì de guōjiā.   (Volksrepublik China / ist ein schönes Land.)

Die Pause dient sowohl im Deutschen als auch im Chinesischen dazu, dass sich einerseits der Sprecher erholen kann und andererseits um wichtige Informationen im Satz hervorzuheben und die Aufmerksamkeit des Zuhörers auf ihn zu lenken (Lindner 1981: S. 308; Honold 2009: S. 58). Anders als im Deutschen, gelten lange Pausen im Chinesischen nicht als störend und peinlich, sondern als akzeptabel und sogar angenehm (vgl. Honold 2009: S. 58).

3.5. Fehlerprognose

Im Vergleich mit Untersuchungen segmentaler Ausspracheabweichungen, beschäftigen sich nur wenige Autoren mit Ausspracheabweichungen im suprasegmentalen Bereich (Honold 2009: S. 58.). Nach Honold (2009) und Richter (2011) können chinesische Lernende von folgenden Aussprachabweichungen betroffen sein:

1. Oft setzten chinesische Deutschlernende den Wort- und Satzakzent an der falschen Silbe oder der falschen Akzentgruppen. Der Nebenakzent im Wort wird oft hervorgehoben oder sie setzen Nebenakzente an eine Stelle, an der sie nicht angebracht sind. (Richter 2011: S. 5). (vergleiche hierzu Kapitel 3.1)

2. Chinesische Deutschlernende sprächen deutsche Wörter oder Sätze oft getrennt in Silben aus, weil sie von ihrer Muttersprache her eine Silbesprache gewohnt seien (Honold 2009: S. 56). (vergleiche hierzu Kapitel 3.3)

3. Die deutsche Rythmisierung verursacht für viele chinesische Deutschlernende Ausspracheabweichungen. Das heißt, das Verbinden mehrerer Silben zum Wort, mehrerer Wörter zur Sprecheinheit erfolge nicht im erforderlichen rythmisch-melodischen Zusammenhang. Es würden zu viele kleine Einheiten gebildet. Äußerungen würden durch zu häufige Pausen zergliedert und Akzente und ihre melodische Gestaltung nicht korrekt

realisiert (Honold 2009: S. 58). (vergleiche hierzu Kapitel 3.2 bzw. 3.3)

4. Chinesische Deutschlernende tendieren zu langen Pausen beim Sprechen, die im Deutschen meistens zur Verunsicherung führen (Honold 2009: S. 58). (vergleiche herzu Kapitel 3.4)

4. Koartikulation

Unter Koartikulation versteht man die gegenseitige Beeinflussung von Lauten während des Sprechens (Mayer 1994: 43). Im Deutschen unterscheidet man zwischen Assimilation und Reduktion (Elision). Assimilation tritt auf, wenn beim Sprechen einzelne Laute einander angeglichen werden. Durch die Angleichung werden artikulatorische Merkmale einzelner Laute entweder geändert oder nicht alle vollständig realisiert, so dass die Artikulation vereinfacht wird (Altmann/ Ziegenhain 2010: S. 57). Die Assimilationserscheinungen kommen häufig beim Deutschen vor. Man unterscheidet zwischen progressive Assimilation (Wenn ein Laut auf den nachfolgenden wirkt) z.B. *leben, rauchen, andernfalls* und regressive Assimilation (Wenn ein Laut einen vorausgehenden Laut beeinflusst) z.B. *Kuh, Kino* (vgl. Altmann/ Ziegenhain 2010: S. 59). Bei Reduktionen handelt es sich um das Weglassen eines oder mehrerer meist unbetonter Laute (Wikipedia), z.B. werden in „warten", „Achtel" das <e> weggelassen.

Im Chinesischen gibt es hingegen keine Assimilation. An- und Auslaute werden immer gleich ausgesprochen. Stimmhaftigkeit und Stimmlosigkeit verändern sich auch nicht (Honold 2009: S. 87). Allerdings verändern sich Toneme bei der Koartikulation, z.B. nicht Nǐ hǎo   (Guten Tag), sondern Ní hǎo (folgen zwei dritte Töne aufeinander, wird der erste der beiden zu einem zweiten Ton.) (Liu, Xun/ Buchta 2009: S. 9).

Chinesische Lernende haben daher Probleme mit der wechselnden Assimilation des Deutschen zwischen stimmhaften und stimmlosen Konsonanten. Sie versuchen meistens jede Silbe im Wort deutlich - ohne Elision - auszusprechen. Außerdem kommt es, meist bei langen Wörtern zur Intermittierung, also Unterbrechung beim Sprechen.

5. Fehleranalyse und Hinweise zum Phonetikunterricht

5.1. Fehleranalyse

Um die Fehleranalyse durchführen zu können, habe ich eine Tonaufnahme von einer chinesischen Muttersprachlerin gemacht.

Im folgenden nun relevante Informationen über die Sprecherin:

Sie heißt Wang Siyu, ist 25 Jahre alt, kommt aus Ning Bo in Südchina und studiert zur Zeit in Deutschland Sinologie. Sie spricht chinesisch, englisch und deutsch. Seit 2009 lernt sie in Deutschland die deutsche Sprache. Ihre Lehrer sind deutsche Muttersprachler. Jeden Tag hat sie Deutschkurse mit einer Gesamtdauer von drei Stunden. Phonetikunterricht hat sie nicht gehabt. Ihr Niveau ist insgesamt C1, aber beim Sprechen, vielleicht B2.

Der aufgenommene transkribierte Text lautet:

„Ein Freund von mir machte in Berlin Urlaub und verlor seinen Personalausweis. Er rief seine Mutter an, und sagte ihr, sie soll ihm den Pass schicken, damit er sich auf der Rückfahrt ausweisen kann. Die Mutter schickte ihn sofort an das angegebene Postamt in Berlin. Mein Freund ging ein paar Tage später dorthin und fragte den Schalterbeamten, ob etwas unter seinem Namen angekommen ist. "Ja", sagte der Mann, "aber würden Sie sich bitte ausweisen?"

Fehleranalyse:

Im folgenden analysiere ich den Text Satz für Satz. Die unterschtrichenen Silben, Wörter usw. sind die Stellen, wo Aussprachabweichungen vorkommen.

1. Ein Freund von <u>mir</u> mach<u>te</u> in Berlin <u>Urlaub und</u> verlor seine<u>n</u> Personal<u>ausweis</u>.

Abweichungen: *Mir* ist zu kurz gesprochen (normalerweise gedehnt). Das Ende vom Wort *mach<u>te</u>* ist verschluckt. *<u>Urlaub und</u>* sind gebunden gesprochen. Nach *Urlaub* sollte man eigentlich eine kurze Pause einsetzen. Und das <b> von *Urlaub* ist ein Grenzton, der etwas härter (oder deutlich) klingen sollte. Akzentuierung von *<u>Ber</u>lin, ver<u>lor</u> und Personal* ist zu hart. *Seinen* ist als *seine* gesprochen. der Ton von *Ausweis* könnte etwas mehr nach unten gehen, damit die Satzmelodie weiterweisend ist..

2. Er <u>rief</u> seine <u>Mutter an</u>, und <u>sagte ihr</u>, sie soll ihm den Pass <u>schicken, damit er sich auf der Rückfahrt ausweisen kann.</u>

Abweichungen: *<u>rief</u>* ist als *hrief* ausgesprochen. (<h> ist eingehaucht). Zwischen *Mutter* und *an* gibt es eine zu lange Pause und *an* klingt wie ang. Die Akzentuierung von *sagte* ist falsch. *Ihr* sollte wegen Komma gedehnt sein. Zwischen *schicken* und *damit* gibt es zu lange Pause und sie sind zu abgehackt ausgesprochen. Hier sollte es trotz kurzer Pause gebunden sein. Rhythmisierung im letzten Teilsatz ist statt flüssig, eher gestockt.

3. Die <u>Mutter</u> schickte ihn sofort <u>an</u> das angegebene Postamt in Berlin.

Abweichungen: Der Ton von *Mutter* geht fälschlicherweise nach oben und wurde noch dazu gedehnt, *Mutter* hätte durch Akzentuierung leicht betont werden sollen. *An* ist als ans ausgesprochen. Der ganze Satz klingt sehr monoton.

4. Mein Freund ging ein paar Tage <u>später</u> <u>dorthin</u> und fragte den <u>Schalterbeamten</u>, ob etwas unter seinem Namen angekommen ist.

Abweichungen: *<u>Später</u>* und *dort<u>hin</u>* sind zu lang gedehnt. *Schalterbeamten* ist als *Schalterbeamte* gesprochen. Nach *ob* gibt es eine zu lange Pause die eigentlich nicht gebraucht ist. Und sie sollte auch nicht laut gesprochen.

5, "<u>Ja</u>", sagte der Mann, "<u>aber würden Sie sich bitte ausweisen?</u>"

Abweichungen: *Ja* kann man akzentuiert darstellen, aber eher nicht laut, klingt sonst agressiv Fragesatzmelodie ist beim Satz *"aber würden Sie sich bitte ausweisen?"* falsch. Sie bleibt weiterweisend. Die Satzmelodie sollte hier nach oben gehen.

Insgesamt kann man sagen, dass dem Probanden vor allem schwer auszusprechende Konsonanten und Vokale wie z.B. das R und das N, die wiederum zu einer fehlerhaften Rhythmisierung und teilweise auch Akzentuierung geführt haben, Schwierigkeiten bereitetet haben. Es entstanden kleine Spracheinheiten und der Text wurde eher monoton vorgetragen. Unkenntnisse über Regeln und umgängliche Formen der deutschen Sprache in der Melodisierung, Betonung bestimmter Wörter und auch Akzentuierung, führten trotz gutem Niveau zu gestalterischen Fehlern. So wurden Phrasen teilweise durch Pausen unterbrochen, aber auch am Phrasenende nicht immer durch Pausen dargestellt. Auch inhaltliche oder informationsrelevante Hauptwörter wurden nicht genug akzentuiert. All dies erschwerten dem Rezipienten das Verständnis und erforderten erhöhte Konzentration. Da es sich in dem vorgelesenen Beispiel um einen Witz gehandelt hat, hätte man bei einem deutschen Muttersprachler je nach Charakter wahrscheinlich noch verstärkter suprasegmentale Merkmale finden können.

Den detaillierten Fehleranalysebogen kann man im Anhang einsehen.

5.2. Hinweise zum Phonetikunterricht

Aus den obigen Kapiteln kann man feststellen, dass bei chinesischen Lernenden viele Ausspracheabweichungen im suprasegmentalen Bereich vorkommen (Hunold 2009: S. 156). Zwar haben viele, sowohl chinesische als auch deutsche Autoren, darunter Honold (2009), He, Ping (2006) Bücher über die Didaktisierung und Übungen der chinesischen Phonetik veröffentlicht, trotzdem sollte man auch in Zukunft folgende Aspekte im Deutschphonetikunterricht beachten:

Anders als im traditionellen Sprachunterricht, sollte für die Phonetik im Unterricht mehr Raum geschaffen werden. Verschiedene vor allem abwechslungsreiche Übungen, wie z.B. Klatsch-, Flüster- oder Brummübungen, Übungen mit Musik und Dialogübungen unterstützt durch Gesten, usw. helfen ungemein. Traditionelle Phonetikübungen, wie z.B. vergleichen, imitieren und laut lesen, helfen dem Schüler zwar auch, führen aber schneller zur Aufmerksamkeitsabschwächung. Effektive und interessante Übungen sind daher sehr wichtig. Für meine Probandin (sehe oben) würde ich vorschlagen, dass Sie Dialoge, besonders die starke emotionfordernde Dialoge wie z. B. Streiten, selbst oder am besten mit Muttersprachlern (Sie ist zur Zeit in Deutschland) intensiv üben sollte. Denn Ihr Kernproblem beim Sprechen ist meiner Meinung nach eher, dass Sie, wie viele andere Chinesische, immer nicht genug (passende) Emotion (und damit gebundenem Rythmus und der Melodie) beim Sprechen einbezieht.

Ein weiterer zu beachtender Aspekt ist, dass die Aussprache des Lehrers nicht als das „Standarddeutsch" betrachtet werden sollte. Besser ist es charakterlich bedingte Satzformungen durch allgemeine Einflüsse wie z.B. Rundfunk, deutsche Muttersprachlerfreunde, im alltäglichen Leben zu beachten, um damit selbst die Besonderheiten der Aussprache wahrnehmen zu können.

Nicht zuletzt sollten die durch die eigene Muttersprache verursachten Aussprachabweichungen im Unterricht besonders erklärt und beachtet werden. Lehrer die in China deutsch unterrichten, sollten von Anfang an Ähnlichkeiten und Unterschiede der Phonetik zwischen dem Chinesischen und Deutschen klar präsentieren und erklären. So lernt der Schüler direkt muttersprachliche und fremdsprachlich Regeln und Merkmale zu unterscheiden und überträgt Ausdrucksweisen nicht einfach bloß in die Zielsprache, sondern achtet darauf mögliche Fehler zu vermeiden.

6. Fazit und Ausblick

In dieser Arbeit sollte zum Ausdruck gebracht werden, dass chinesische Lernende im Bereich der Aussprache wegen muttersprachlicher Einflüsse, eigener Sprachbegabung usw. viele Probleme haben. Dabei wurden, anders als in traditionellen Untersuchungen, wo der Schwerpunkt immer auf segmentalen Merkmalen gesetzt wurde, die Probleme anhand der suprasegmentalen Merkmale ausführlich erklärt. Es ergibt sich daraus, dass suprasegmentale Merkmale nicht weniger wichtigere Aspekte der Auspsrache aufweist und ein nicht zu vernachlässigenden Grund der Ausspracheprobleme darstellt. Um die Fehler bei der Aussprache chinesischer Deutschlernenden herauszufinden, hat die Verfasserin im letzten Teil eine Fehleranalyse eines von einer chinesischen Muttersprachlerin vorgetragenen Textes durchgeführt und das Ergebnis analysiert. Es zeigt, dass chinesische Deutschlernende beim Sprechen viele Probleme im suprasegmentalen Bereich haben.

Da nur eine Person an der Fehleranalyse teilgenommen hat, bleibt offen, ob die Fehler, die die Person beim Sprechen gemacht hat, allgemein und typisch für chinesische Deutschlernende gelten. Es gibt bis jetzt nur wenig Untersuchungen im Bereich der kontrastiven Analyse zwischen dem Deutschen und dem Chinesischen. Um die Aussprache chinesischer Deutschlernender zu verbessern, ist es auch wichtig zu erforschen, wie man die suprasegmentalen Merkmale der Phonetik im Unterricht lehrt und lernt. Es ist daher notwendig in Zukunft noch weitere wissenschaftliche Forschungen anhand der Praxis durchzuführen, um alle Unklarheiten zu beseitigen.

<u>Anhang</u>

Detaillierte Fehleranalyse

Hiermit möchte ich den detaillierten Analysebogen von dem in Kapitel 5.1. analysierten Text anhangen.

Markierung: sonstige Fehler werden unter dem Analysebogen erklärt.

„---": fehlerhafter Wortakzent (FW)　　　　„==" : fehlerhafter Satzakzent (FS)

„X" : fehlerhafte Melodie (FM)　　　　„>>" : fehlerhafter Rythmus (FR)

„ / " : fehlerhafte Pause (zu kurze Pause) (KP)

„ // " : fehlerhafte Pause (zu lange Pause) (LP)

„<<": fehlerhafte Koartikulation (FK)

„*" : sonstige Fehler (SF)

	Ein	Freund	von	mir	mach	te	in	Ber	lin	Ur	laub
FW								---			
FS											
FM											
FR											
KP											/
LP											
FK					<<						
SF				*							

* <u>*Mir*</u> ist zu kurz gesprochen

	und	ver	lor	sei	nen	Per	so	nal	aus	weis.	Er
FW		---						---		---	
FS											
FM											
FR											
KP											
LP											
FK	*										

* <u>*Urlaub und*</u> sind gebunden gesprochen. Nach *Urlaub* sollte man eigentlich eine
　kurze Pause einsetzen.

	rief	sei	ne	mut	ter	an	und	sag	te	Ihr,	sie
FW								---			
FS											
FM											
FR											
KP											
LP					//						
FK											
SF	*									*	

* _rief_ ist als _hrief_ ausgesprochen. (<h> ist eingehaucht) und ihr ist zu kurz und leise gesprochen.

	sol	le	ihm	den	Pass	schi	cken,	da	mit	er	sich
FW											
FS											
FM											
FR										>>	
KP											
LP							//				
FK											

	auf	der	Rück	fahrt	aus	weis	sen	kann.	Die	Mut	ter
FW											---
FS											
FM											
FR				>>							
KP											
LP											
FK											

	schi	ckte	ihn	sor	fort	an	das	an	gege	bene	Post
FW											
FS											
FM											
FR											
KP											
LP											
FK											
SF								*			

* _An_ ist als _ans_ ausgesprochen.

	amt	in	Ber	lin.	Mein	Freund	ging	ein	Paar	Ta	ge
FW			---								
FS											
FM											
FR											
KP											
LP											
FK											

	spä	ter	dort	hin.	und	frag	te	den	Schal	ter	be
FW				---							
FS											
FM											
FR											
KP											
LP											
FK											
SF	*			*							

* _Später_ und _dorthin_ sind zu lang gedehnt.

	am	ten,	ob	etwas	un	ter	sei	nem	Na	men	an
FW											
FS											
FM											
FR											
KP											
LP			//								
FK											
SF		*									

* *Schalterbeamten* ist als *Schalterbeamte* gesprochen.

	ge	ko	mmen	ist.	„Ja",	sag	te	der	Mann,	„aber	wür
FW					---						
FS				=							
FM											
FR											
KP											
LP											
FK											

	den	Sie	si	ch	bit	te	aus	wei	Sen?		
FW											
FS											
FM				X							
FR											
KP											
LP											
FK											

Literaturverzeichnis

Altmann H./ Ziegenhain, U. (2010): Prüfungswissen Phonetik, Phonologie und Graphemik. 3. Auflage. In: Suprasegmentale Lauterscheinungen (S. 49-60) Göttingen: Vandenhoeck & Ruprecht GmbH.

Baumann, T (2007): Automatische Erkennung von Akzentuierungen und Phrasierungen in Sprachsynthesekorpora. In: Merkmale zur Phrasierungserkennung (S. 40). Zugriff am 21.06.2012, online unter< http://www.ling.uni-potsdam.de/~timo/pub/da.pdf >

Fluck, H-R. / Saarbek, U./ Zhu, Jiahua / Zimmer, T. (1996): Deutsch als Fach- und Fremdsprache in Ost- und Zentralasien. In: Bericht über die Geschichte des Deutschunterrichts in China am Beispiel der Tongji- Universität (S. 61-69). Heidelberg: Julius Groos Verlag.

Hunold, C. (2004): Probleme der chinesischen Phonetik für deutsche Deutschlernende. In: Besonderheiten der chinesischen Standardaussprache (S. 2) Zugriff am 15.06.2012, onlineunter<http://www.yasni.de/ext.php?url=http%3A%2F%2Fwww.fachverband-chine sisch.de%2Ffachverbandchinesischev%2Ffachzeitschriftchun%2FDatei%2FCHUN_Hun old_chin%2520Phon.pdf&name=Cordula+Hunold&cat=filter&showads=1>

Hirschfeld, U./ Kelz, H. P. / Müller, U. (2002) : Phonetik International. Grundwissen von Albanisch bis Zulu. Konstrative Studien für Deutsch als Fremdsprache. Phonetische Beschreibung von mehr als 50 Sprachen im Vergleich zur deutschen Sprachen mit Hinweisen für den Unterricht. In: Deutsch   (S. 2-13). Waldsteinberg: Heidrun Popp.

Hunold, C. (2009): Untersuchungen zu segmentalen und suprasegmentalen Ausspracheabweichungen chinesischer Deutschlernender. In: Tonsprachen und Töne (S. 42-156). Frankfurt: Peter Lang GmbH.

Henne, H. (1977): A Handbook on Chinese Language Structure. (S. 37-38) Columbia University Press

Helbig, G./ Götze, L./ Henrici, G. / Krum Krum, H.-J. (2001): Deutsch als Fremdsprache. Ein internationales Handbuch. 1. Halbband. In: Das Sprachsystem (S. 157). Berlin: Walter de Gruyter GmbH.

He, Ping (2006): Chinesische Phonetik. Beijing: Press of Beijing University.

Jin, Qiaoying (2003): Über die Porpularität der deutsche Sprache in China (S. 3). Zheng Jiang: Zeitschrift der Zhe Jiang Universität.

Liu, Xun/ Buchta, K. (2009) Das neue praktische Chinesisch. 2. Auflage. In: Kulturnotizen (S. 12-35). Beijing: Beijing language and culture university press.

Lindner, G. (1981): Grundlagen und Anwendungen der Phonetik. In: Wesen der Sprechpausen (S. 298-308). Berlin: Akademie Verlag.

Mayer, J. (1994): Phonologisch-phonetische Überspezifizierung bei Sprechapraxie. In: Koartikulation (S. 77). Stuttgart. Zugriff am 22.06.2012, online unter <http://www.ims.uni-stuttgart.de/phonetik/joerg/papers/aims-2-3.pdf >

Richter, R. (2011): Ausspracheabweichungen chinesischer Deutschlerner und ihre kommunikative Relevanz. In: Ausgangslage (S. 2-5). Sprachenzentrum der Universität Bayreuth: Zeitschrift für Interkulturellen Fremdsprachenunterricht, Jahrgang 16, Nummer 2. Zugriff am 15.06.2012, online unter < http://zif.spz.tu-darmstadt.de/jg-16-2/beitrag/Richter.pdf>

Rausch, R. / Rausch I. (2000): Deutsch Phonetik für Ausländer. In: Die suprasegmentalen Merkmale (S. 145). Leipzig: Verlag Enzyklopädie.

Svobodová, M. (2009): Die Rolle der Phonetik im Deutschunterricht. In: Suprasegmentalia (S. 28-30). Zugriff am 20.06.2012, online unter< http://is.muni.cz/th/104316/pedf_m/Diplomova_prace.pdf>